Günter Kettner

Meine skurrilen Erlebnisse

Dieses Buch widme ich meiner Frau Elke.

© 2013 Günter Kettner

Gesamtgestaltung: **Thomas Kettner**
Illustration: **Julia und Johannes Großer**

Herstellung und Verlag: BoD – Books on Demand, Norderstedt

ISBN: 978-3-7357-4177-6

Vorwort

Skurril möchte ich als eigenwillig, drollig verstehen, weniger als verschroben.
Solche, meist kleinen, komischen, tragischen, manchmal makabren Erlebnisse, die aus dem Alltäglichen hervorstechen, bleiben in unseren Gedanken haften.
Worte, Bilder, Gedanken sind Anstöße und bringen sie uns wieder in Erinnerung.
Ich habe diese kleinen Erlebnisse aufgeschrieben, um besonders meinen Kindern und Enkeln ein paar Momente meines Lebens preiszugeben. Ihnen, lieber Leser, werden sicher beim Lesen eigene, ähnliche Situationen einfallen.
Viel Freude beim Lesen.

Mein erster Flug

„ Jugendtourist ", eine Art Reisebüro für Jugendliche in der damaligen DDR, bietet zu erschwinglichen Preisen Auslandsreisen an. Ich buche ein Ticket nach Mamaia in Rumänien, am Schwarzen Meer. Auf Abbildungen sehe ich tolle Hotels, eine etwas andere Vegetation. Das weckt in mir große Erwartungen. Mit einer IL-14 fliegen wir von Berlin-Schönefeld nach Bukarest. Von dort aus mit einer kleinen Chartermaschine zu unserem Ziel. Der Flug in der kleinen Maschine ist eine Qual. Ständig fällt sie ruckartig ab, sodass mir das Essen regelrecht aus dem Gesicht fällt. Meine Aufmerksamkeit gilt einem jungen Mann aus unserer Gruppe. Er kommt wie gebadet aus der Bordtoilette. Die Haare kleben regelrecht an der Kopfhaut, seine Kleidung ist völlig nass. Er lacht aber, und ich staune darüber. Kurze Zeit später geht eine junge Frau in die WC Kabine. Als sie wieder herauskommt, ist auch sie völlig nass. Bei ihr, vorher sehr aufgehübscht, sind die Farben im Gesicht wie auf einem Aquarell verlaufen. Sie lächelt nicht. Meine Neugier ist geweckt. Bin ich der Nächste, über den gelacht wird? Ich betrete die Kabine und sehe nichts Auffälliges. Sie ist klein, mit Aluminium ausgekleidet, der Boden ist nass, sonst sehe ich nichts. Nachdem ich die Toilette benutzt habe, lese ich auf einem Schild in mehreren Sprachen: " Bitte auf das Pedal zwecks Spülung treten! " Natürlich trete ich! Im gleichen Moment trudelt sich ein wasserspeiender Schlauch über meinem Kopf auf. Der Schlauch ist nicht zu fassen. Ich sehe genauso aus, wie die anderen beiden vor mir. Doch im oberen Bereich der

Kabine lese ich auf einem Schild: „ Schlauch vorher in die Hand nehmen! " Diesen Hinweis habe ich, die anderen sicher auch, übersehen. Die Augen nach unten gerichtet, gehe ich zu meinem Platz. Mein Popelineanzug klebt an meinem Körper. Die Hosen sind wie nasse Strümpfe. Beim Zurückgehen hinterlasse ich deutliche Spuren auf dem Teppichboden. Bei jedem Schritt quietschen die Schuhe. Meine Lippen bleiben verschlossen. Ich warte auf den nächsten, der zur Toilette geht.

Mein Einstieg als Barmixer

Mit 18 Jahren bin ich Mitglied eines Zeichenzirkels, der etwa aus 15 Personen meines Alters besteht. Wir werden von einem Werbefachmann angeleitet, der sehr kreativ und mitreißend ist. Von einer Konsumgaststätte mit Tanzsaal, in einem nahen Dorf, erhalten wir den Auftrag, eine Bar farbig zu gestalten. Der Raum ist vom Tanzsaal her zugänglich, ziemlich klein und fensterlos. Mit Tapete, schwarzer und roter Farbe, sowie mehreren Lichtquellen schaffen wir ein für die damalige Zeit für Laien ein beachtliches Kunstwerk. Zimmerleute bauen aus Holz den Bartresen. Hohe Barhocker sind bereits vorhanden. Unser Leiter, den wir Gerd nennen dürfen, vereinbart mit dem Gaststättenleiter, dass wir zur Eröffnung den Barbetrieb übernehmen dürfen und die Einnahmen dem Zeichenzirkel zugute kommen. Ich darf Barmixer sein und freue mich darauf. An einem Tanzabend ist es endlich soweit. Eine tolle Kapelle spielt, die Veranstaltung gilt als sehr angesagt. Eintritt und Getränke sind billig, Jugend und Mittelalter gehen damals oft tanzen. Der Abend ist ein voller Erfolg, meine Bar ständig umlagert. Die Renner sind Bloddy Mary, sowie diverse süße Mixgetränke. Mitglieder des Zirkels, Bekannte und Unbekannte laden mich ständig zum Mittrinken ein. Naiv wie ich bin, weiß ich nicht, dass Barmixer keinen Alkohol mittrinken, dies nur mit Wasser oder Obstsaft vortäuschen. Nach kurzer Zeit schon, bin ich sturzbetrunken. Ich liege auf dem Bartresen, habe aber die Geldkassette, eine Zigarrenkiste, fest umklammert. Irgendwer aus unserer Gruppe stellt mich auf die Beine und nimmt das Geld an sich. Von diesem Personenkreis hat mich keiner mehr gefragt, ob ich je wieder eine Bar übernehmen will.

Ich jobbe als Kellner

Als Student verdiene ich mir öfter etwas Geld als Aushilfskellner. Besonders gern bin ich in einer kleinen, benachbarten Stadt. Die Leiterin und die beiden festangestellten Kellner sind sehr nett, was mir ganz wichtig ist. Die Gaststätte und die Küche befinden sich im Erdgeschoss, der Tanzsaal im ersten Stock. Außerdem noch das Büro des Leiters und Gästezimmer, in denen wir (2 bis 3 Studenten) übernachten dürfen. Der Kulturhausleiter, dem die Gaststätte untersteht, besitzt einen großen, respekteinflößenden Schäferhund. Sein Herrchen versichert bei jeder Gelegenheit, dass der Hund sehr lieb ist. Erstaunlich ist, dass er oft im Büro auf den 8 Wochen alten Säugling seines Herrchens aufpasst, wenn dieser kurz abwesend ist. Dann wagt sich

niemand, das Zimmer zu betreten.
An einem Sonnabend haben wir volles Haus. Ein landwirtschaftlicher Betrieb, LPG genannt, feiert. Für mich gibt es kalte Platten, Bier, Wein und Sekt zu transportieren. Wir Kellner tragen die gewünschten Speisen und Getränke eine breite Freitreppe hinauf in den Saal. Ich will gerade, mit 6 bis 8 Platten beladen, die Stufen emporsteigen, da sehe ich einen großen Schatten auf mich zukommen. Es ist Bello! Er reißt mich um, ich lande auf den Stufen, umgeben von Braten, Kartoffelsalat, Wurst und Schinken. Bello, das Prachttier, interessiert sich nicht für mich, sondern für den Braten und die Wurst. Da ertönt ein greller Pfiff! Bello springt sofort, zu seinem Herrchen auf die oberste Stufe. Ich habe mich nicht verletzt, doch was soll ich jetzt tun? Viel Zeit zum Überlegen bleibt mir nicht. Was noch

auf den Tellern oder auf der Treppe ist, ordne ich neu, sammle die Petersilie als Dekoration ein und serviere alles mit ernster Miene. Nur die Kellner haben das Malheur mitbekommen, die freundlichen, etwas angetrunkenen Gäste nicht.

Ein Abend im „ U-Fleku "

Ich bin wieder einmal in Prag und mit Vladimir, einem tschechischen Studenten, verabredet. Wir haben uns in Mamaia, am Schwarzen Meer, in einem internationalen (nur Ostblock) Zeltlager kennengelernt. Zufällig haben wir uns im Jahr darauf in Prag wiedergesehen und seitdem, wenn ich in Prag bin, sehen wir uns kurz. Wir gehen ins U-Fleku, das ist ein bekanntes, altes Brauhaus, in dem dort gebrautes Bier in großen Sälen ausgeschenkt wird. Es ist wie immer gut besucht. Wir sitzen an einem langen Tisch und unterhalten uns wie immer auf russisch. Am Tischende sitzen Leute, die mit einem alten Mann – weißer Bart, wirre Haare, langer, schwarzer Mantel- sprechen. Eigentlich spricht nur der alte Mann. Plötzlich kippt dort die Stimmung, die

Leute werden laut, böse, fast handgreiflich. Sie bezahlen und gehen. Vladimir sagt, dass der alte Mann ein Professor für Sternenkunde ist und wahrsagt. Er hat dem Mann gesagt, dass er cholerisch ist und genauso hat sich dieser dann auch aufgeführt. Ich bin erstaunt und interessiert. Wir bitten den alten Mann, für ein Bier, an unseren Tisch. Er nimmt gleich das Gespräch mit uns auf, fragt nach meinem Sternbild und schreibt es auf einen Zettel. Zu meiner Verwunderung schreibt er mein Geburtsdatum davor, ohne mich vorher danach gefragt zu haben. Auch Vladimir kennt dieses nicht. Der Professor nennt mir noch meinen Glücksstern, mein Glückselement und meine Glückszahlen. Den Zettel aus dem Notizbuch, auf dem alles geschrieben steht, habe ich heute noch. Seit etwa 20 Jahren tippe ich im Lotto diese Zahlen. Im vergangenen Jahr habe ich gewonnen, nur 176 Euro. Eine Woche vorher wären es 74 000 Euro gewesen. Die Zahlen ergeben ein sogenanntes „ Strickmuster ", das bei Lottofreunden beliebt ist.

Ein Kater als Modell

Ich stehe vor meinem Staatsexamen und absolviere ein vierwöchentliches Praktikum an einer kleinen Dorfschule. Die Lehrer sind sehr freundlich und unkompliziert zu mir, deshalb fühle ich mich dort sehr wohl. Ich habe ein Zimmer bei einer netten Bauernfamilie, ein Esszimmer mit einem großen Tisch, parterre gelegen. Die Familie hat unter anderem einen prächtigen, schwarzen Kater. Wir verstehen uns auf Anhieb. Abends kommt er durch das offene Fenster und setzt sich ungeniert auf den großen, schwarzen Tisch, an dem ich gerade esse. Natürlich gebe ich immer dem Kater von meinem phantasielosen, kargen Essen etwas ab. Ich kaufe Hackfleisch, weil ihm das besonders schmeckt. An einem Abend sitzen wir beide wieder einmal am bzw. auf dem

Tisch, da kommt er auf mich zu und legt eine halbtote Maus neben meinen Teller. Ich bin überrascht. Sicher will er auch etwas zum Abendessen beisteuern. Von diesem Zeitpunkt an habe ich ihm genauer aufs Maul geschaut, zumals er einmal eine Maus mitbringt, die sich befreien kann und unter den Schrank kriecht. Ich habe den Kater nicht ganz uneigennützig an mich gewöhnt. Er soll zu meiner praktischen Abschlussprüfung im Fach Kunsterziehung das Anschauungsobjekt sein. Das Thema lautet: " Unser Kater geht auf Mäusejagd ". Der Tag meiner Prüfung kommt. Ich nehme meine große Reisetasche und verfrachte das sich streubende Tier in diese. Nun stehe ich in der Klasse, verkünde das Thema und befreie das arme Tier aus seinem Gefängnis. Doch im Nu hat er sich von meinem verkrampften

Zugriff befreit und springt mit einem Satz durch das offene Fenster. Ich bin verblüfft. Seitdem ist unser Verhältnis zueinander gestört. Meine Zeit ist hier ohnehin vorbei.

Zamardi

Ich bin jung und fahre mit einem Freund nach Ungarn. Wir kennen uns von der Volkshochschule, waren schon mehrmals im Urlaub, und wir haben durch vorherige Besuche gemeinsame Bekannte. Meine ungarische Briefpartnerin Sophia hat für uns Zimmer bestellt. Nach ein paar Tagen in Budapest fahren wir mit ihr an den Balaton, in den Badeort Zamardi. Eine hübsche, kräftige, in Nationaltracht gekleidete Ungarin empfängt uns mit Brot und Salz. Wir staunen. Sophia ist irritiert und unterbricht die Zeremonie. Sie spricht leise auf die Frau ein. Plötzlich entgleisen deren Gesichtszüge, sie hat auf einmal ein böses Gesicht und sagt, dass wir schnellstens verschwinden sollen. Wie sich herausstellt, hat sie uns mit angemeldeten schwedischen

Gästen verwechselt. Als DDR-Urlauber mit wenig Geld, dazu noch mit dem „ falschen ", haben wir bei ihr keine Chancen. Sophia „ mietet " eine Schlafgelegenheit unter der Treppe, völlig offen und für jeden zugänglich. Wir finden zum Glück eine Übernachtungsmöglichkeit in einem anderen Haus.

Die Begegnung mit der Baroness Mercedes von Uckermann

In einem anderen Haus im gleichen Ort haben wir bessere Chancen. Wir finden ein schönes, großes Zimmer, das nur noch von zwei jungen Männern geräumt werden muss. Doch wir wundern uns, dass die beiden in den Stall gegenüber einziehen, denken uns aber nichts dabei. Wie sich herausstellt, bezahlen wir einfach viel mehr Miete als sie. Am nächsten Tag sagt unsere Vermieterin, dass eine Hausbewohnerin, die Baroness Mercedes von Uckermann, ihre deutschen Landsleute zum 5.00 Uhr - Tee erwarte. Wir kriegen rote Ohren und denken, wir sind im falschen Film. Diese Frau, etwa um die 80 Jahre alt, bewohnt in diesem Haus, das ein paar Stufen tiefer gelegene Waschhaus. Der Raum ist dunkel und spärlich eingerichtet. Ein Elektriker, der die Lichtleitung reparieren sollte, ist gerade mit ihren letzten silbernen Leuchtern verschwunden. Frau von Uckermann ist sehr beeindruckend; klein, ausgezehrt, mit lebhaften Augen und Gesten. Sie trägt dunkle, bodenlange Kleidung aus besseren Tagen und stammt aus fürstlichem Hause. Ihre Familie besaß mehrere Schlösser, unter anderem Schloss Weesenstein bei Dresden. Ihr Großvater war sächsischer Postminister. Sie hatte in Paris an der Sorbonne Bildhauerei studiert, ungewöhnlich für eine Frau in der damaligen Zeit, und sie spricht 6 Fremdsprachen. Die Familie war nach der Fürstenenteignung nach Ungarn geflohen. Dort begann der Abstieg. Sie hat noch eine Schwester in der BRD, deshalb bekommt sie keine Rente. Seit Jahrzehnten lebt sie von altem Besitz

(Schmuck) aus früheren Zeiten und der Unterstützung ihrer Schwester. Sie besitzt noch eine Bibliothek, in einer Garage in Budapest ausgelagert, aber sie weiß nicht wo. Das alles finde ich schockierend. Nach dem Urlaub haben wir ab und zu Briefwechsel. Ich besuche sie im folgenden Jahr nochmals. Sie wohnt wieder in Budapest. Eine Herzogin hat sie zu sich genommen. Drei Frauen bewohnen eine 3-Raum-Wohnung: besagte Herzogin, Baroness von Uckermann und eine Straßenbahnschaffnerin. Die Wohnung liegt in Buda an der Donau, wir gehen dort spazieren. Ein Jahr später ist sie bettlägerig, verfolgt aber interessiert ausländische Radiosender. Sie bittet mich um Fotos von Weesenstein, die ich ihr gern besorge. Vorher schenkt sie mir eine Federzeichnung, die ein Pferd darstellt und den Abguss ihrer Abschlussarbeit an der Sorbonne, ein 25cm großes Halbrelief, mit dem Porträt von Julius Cäsar. Auf spätere Post antwortet sie nicht mehr. Vermutlich ist sie gestorben.

Besuch bei einer Künstlerfamilie

Ich bin 20 Jahre alt und im Urlaub in Balatonfüred. Eine etwa 50-jährige Malerin erregt am Strand meine Aufmerksamkeit. Sie malt sehr gefällig und nach meinem Geschmack. Wir unterhalten uns in deutscher Sprache und sie lädt mich am Wochenende nach Budapest zum Mittagessen ein. Wie sie sagt, hat sie zwei Söhne in meinem Alter, und sicher werde ich mich nicht langweilen, ihr Mann sei auch Maler. Schon das Mittagessen ist verlockend, denn ich habe wenig Geld und ernähre mich vorwiegend von Weißbrot und Melonen. Die Familie wohnt im Diplomatenviertel in einer Villa. Ich fühle mich sehr wohl. Keiner kümmert sich um mich, jeder geht einer Beschäftigung nach. Schon nach kurzer Zeit werde ich mit „ Palinka ", einem Pfirsichschnaps, abgefüllt. Jeder der Familie gießt ein und prostet mir zu. Ich bin hungrig, beschwipst, fast betrunken. Gegen 16.00 Uhr gibt es Mittagessen. Wie ich mich bis dahin auf den Beinen halte, ist mir ein Rätsel. Alle sind sehr locker und nett. Der Mann schenkt mir einen Linolschnitt, die Frau hat sich nach dem Essen hingelegt und irgendwie bin ich in meine Unterkunft gekommen. Eine kleine Flasche „ Palinka ", zur Hälfte bereits verdunstet, steht nach über 40 Jahren noch in meinem Schrank.

Tante Olga

Ich bin mit einem Freund in Budapest. Tante Olga, die Mutter meiner Briefpartnerin, hat uns zum Essen eingeladen. Sophia, meine Briefpartnerin, ist in London geblieben und seit einem Jahr versucht ihre Mutter, das Visa zu verlängern, damit Sophia, falls sie zurückkommt, in Budapest an der Uni weiterstudieren kann. Das klappt übrigens auch. Tante Olga ist eine kleine, sehr lebhafte Frau, um die 60 Jahre. Sie trägt gern hellblaue oder rosafarbige Kleider, dazu Hüte- sehr auffällige Kleidung. Ich mag sie sehr, sie redet unaufhörlich. Gegenüber ihrer Wohnung, in der Bartok-Bela-ut ist ein schönes Restaurant, an einem großen Teich gelegen. Olga hat sich zurechtgemacht mit Hut und ellenbogenlangen, schwarzen Handschuhen. Wir tragen sportliche

Sommersachen. Das mag sie gar nicht, aber festliche Kleidung, ich habe ohnehin wenig davon, nehmen wir in den Urlaub nicht mit. Mindestens dreimal wechseln wir die Plätze, weil es angeblich zieht, weil sie schlecht sitzt oder zu wenig gesehen wird. Schließlich finden wir einen Platz, der ihr zusagt. Tante Olga lässt von den Kellnern durchsichtige Windschutzscheiben aufstellen, dann bestellt sie das Menü. Es besteht aus 6-8 Gängen. Solche Esskultur ist mir fremd, fast unheimlich. Es gibt Suppe, Fisch, verschiedene Sorten Fleisch, Gemüse, Reis, Dessert, Mokka, Gebäck, von allem reichlich. Dann geht es ans Bezahlen. Tante Olga vergisst ihre gute Kinderstube und feilscht wie ein Marktweib, das ist uns peinlich - ihr nicht. Anschließend lässt sie sich die übriggebliebenen Speisen einpacken, sogar den Reis. Olga ist eine ungewöhnliche Frau, sie arbeitet an der Universität, gibt privat Sprachunterricht, schafft wie eine Besessene, um dann das Geld wieder schnell auszugeben.

Wir gehen aus

Wieder einmal bin ich mit meinem Freund in Budapest. Sophia und ihre Mutter Olga haben uns am Sonnabend in ein Tanzlokal eingeladen. Wir freuen uns schon sehr darauf. Die Damen haben sich herausgeputzt - mit Hüten, was ich besonders bei Sophia schrecklich finde – wir weniger. Doch, oh Schreck, als wir in das Lokal kommen, sind alle Plätze besetzt. Tante Olga fordert uns auf zu warten. Sie verschwindet kurz. Triumphierend kommt sie mit einem Kellner, der uns an einen freien Tisch führt. Ich denke, das ist ein Irrtum, denn kurze Zeit später wird die Schweizer Nationalflagge auf unseren Tisch gestellt. Wir möchten im Erdboden versinken, Olga natürlich nicht. Sie sagt: „ Die wollen es nicht anders ". Mein Freund, Sophia und ich fühlen uns unwohl. Wir denken, dass echte Schweizer hier sein könnten, die uns begrüßen möchten. Zum Glück passiert das nicht. Als der Abend zu Ende ist, sind wir erleichtert und froh. Steifbeinig gehen wir zum Ausgang. Zu Hochstaplern sind wir nicht geeignet.

Nochmals Tante Olga

Nach Jahren bin ich mit meiner Frau in Budapest. Lange Zeit habe ich nichts mehr von Tante Olga gehört. Ich rufe sie an – und bin irritiert. Ihre Tochter Sophia ist am Telefon. Sie lebt inzwischen in Berlin, ist verheiratet, hat 2 Kinder und besucht gerade ihre Eltern. Die Freude beiderseits ist groß, nun spreche ich auch mit ihrer Mutter. Sie spricht sehr schnell, ich habe Mühe, ihren Gedanken zu folgen. Sie lädt uns für den nächsten Tag, um 16.00 Uhr, in das hübsche Parkrestaurant ein. Wir freuen uns sehr. Tante Olga hat einen Tisch bestellt, wir sind eine mittelgroße Gesellschaft: sie, ihre Tochter Sophia, deren kleiner Sohn, meine Frau, ich und eine Studentin, die aber an einem anderen Tisch sitzt. Olga spricht mit allen gleichzeitig, steht zwischendurch mehrmals auf und gibt der Studentin Nachhilfe im Sprachunterricht. Doch so ist Olga – eine Frau mit großem Herzen und nie stillstehendem Mund. Ihre Tochter hat sich kurze Zeit später das Leben genommen. Sie war ein sehr liebenswerter und ruhiger Mensch. Ich denke gern an sie.

Ein besonderes Geburtstagsgeschenk

Es ist 1965. Antiquitäten sind angesagt. Auch ich giere nach Stücken und habe wenig Geld, um sie in Geschäften zu erwerben. Meine Schüler wissen von meiner Sammelleidenschaft. Es sind Kinder aus verschiedenen Klassen, mit denen ich in den Sommerferien verreise. Wir übernachten kostenlos in Schulen, Fahrgeld bezahlt die Schule, für Verpflegung geben die Eltern einen kleinen Obolus. Meist sind 15-20 Kinder und 2 Lehrer unterwegs, die Beziehung zu den Schülern ist persönlicher als im Unterricht. Dorfkinder sind damals nicht verwöhnt, Handys gibt es zum Glück noch nicht. Doch zurück zu meinem Hobby. Schon lange vor meinem Geburtstag höre ich Andeutungen, dass ich mich schon sehr darauf freuen könnte. Auf meinen Geburtstag warten die Kinder ungeduldig. Ich weiß nicht, woher sie das Datum kennen. Als es soweit ist, gratulieren sie und schenken mir eingewickelt 2 Gegenstände. Ich staune. Das Erste ist ein Holzschwert mit Silberbronze angestrichen, aus einem Theaterfundus, das zweite, ein farbiges Glasgefäß. Es erinnert an eine Flasche mit großer Öffnung. Ich freue mich sehr über die Aufmerksamkeiten. In der Pause stelle ich meine Geschenke auf den langen Tisch im Lehrerzimmer. Ein junger Kollege prustet ohne Respekt los. Er hat mich schon mehrmals aus dem Unterricht geholt mit dem Ruf „ Antiquitäten ", dabei kam aber nur das Ascheauto. Zu meinem Geschenk sagt er: „ Ja, das ist ein wichtiges Gefäß, man benötigt es im Krankenhaus zum Reinpinkeln ". Eine sogenannte

Ente kannte ich bis dahin nicht. Alle lachen.

Eine Schlittenfahrt mit Hindernissen

Einmal erzählen mir die Kinder, die alle aus verschiedenen Ortschaften kamen, dass in einem abgelegenen Dorf eine alte Frau gestorben ist. Die Erben haben nur das Geld mitgenommen, alles andere durften sich die Dorfbewohner holen. Mit dem Hinweis, dass es sich um einen alten Haushalt handelt, die Leute haben früher eine Gastwirtschaft und einen Bauernhof betrieben, ist mein Interesse geweckt – ach, meine Fantasie schlägt Purzelbäume. Das Problem ist nur, es ist bitterkalter Winter, der Ort liegt auf einem Hügel, etwa 3 km entfernt. Ich kann einen jungen Kollegen überreden, mitzukommen. Mittags fahren wir mit dem Schulbus mit. Doch wir kommen zu spät, die Tür steht offen und alles ist ausgeräumt.

Doch so schnell geben wir nicht auf. Mit Mistgabeln bewaffnet, gehen wir in die Scheune und hoffen, unter dem alten Heu noch etwas zu finden. Unsere Vermutung bestätigt sich. Beim Stochern im Stroh stoßen wir auf harte Gegenstände. Wir räumen das Stroh beiseite und finden etwa 30 alte Steingutgefäße, meist Flaschen und Krüge, wie sie die Bauern verwendeten, um Getränke mit aufs Feld zu nehmen, so denke ich. Die Gefäße sind formschön und handgeformt. Da wir keine Taschen mithaben, ist es schwer, einen Teil unserer Beute nach Hause zu transportieren. Ein großer Schüler bietet an, uns mit einem 3-Personen-Schlitten, vor dem ein Pferd gespannt ist, zurückzufahren. Wir sind dankbar und halten unsere Beute, etwa 10 Krüge, fest umklammert und zittern vor Kälte. Die Fahrt ist schrecklich. Der Schlitten liegt sehr tief und gleitet dem Pferd, da es bergab geht, ständig in die Beine. Unmittelbar vor mir sehe ich das gewaltige Hinterteil des Pferdes, das permanent übelriechende, tennisballgroße, dampfende Kugeln von sich gibt. Die galoppierenden Hufe tanzen fast vor meinen Augen. Glücklich, durchgefroren kommen wir zu Hause an. Drei der Gefäße habe ich noch nach über 50 Jahren.

Mutterinstinkt einer Katze

Ich arbeite und wohne in einem kleinen Dorf in Thüringen. Bei einer älteren Witwe habe ich ein möbliertes Zimmer. Wir Lehrer sind 2 Jahre lang zwangsverpflichtet, auch in entlegenen Dörfern zu arbeiten. Dafür bekommt jeder eine Arbeitsstelle, das finde ich in Ordnung. Verheiratete werden übrigens in ihren Wohnorten eingesetzt. Das kleine Anwesen meiner Vermieterin besteht aus einem Wohnhaus und einer rechtwinklig, kleinen, angebauten Scheune, sowie einem kleinen Stall. Hinter dem Haus ist ein sehr schmaler, sich lang hinziehender Garten. An einem Sommertag sitze ich mit der Wirtin im Garten, sie näht, ich lese. Da kommt ihre Katze und legt ihr ein wenige Tage altes Katzenkind vor die Füße. Frau Wirtin stutzt und versteht.

Dieser Katze hat sie schon mehrmals die Jungen weggenommen und getötet. Nun hat die Katze unbeachtet in der Scheune wieder Nachwuchs und bringt ihr erst einmal ein Junges. Meine Vermieterin folgert, dass vielleicht, wenn sie das Kleine leben lässt, ihr die Katze weitere Junge bringt. Diese Vermutung bestätigt sich. Im Laufe einer Woche bringt ihr die Katze drei weitere Kätzchen. Wir sind beeindruckt. Natürlich darf die Katze ihre Kleinen behalten.

Ein heftiger Streit

Einmal erfahre ich, dass eine Bekannte mit ihren Nachbarsleuten verwandt ist, sie diese aber ignoriert. Ich wundere mich, dass zwischen den Familien keinerlei Kontakt besteht. Da erzählt sie mir folgendes: Ihr Vater und der Vater der Nachbarn sind Brüder, aber sehr verzankt. Als ihr Vater sehr krank ist, kommt der Pfarrer zu einem Gespräch. Die Familie des Bruders folgert, dass der alte Herr im Sterben liegt. Da es schon längere Zeit Streitigkeiten um die Grenze der Grundstücke gibt, versetzen die lieben Verwandten die Grenzsteine zu ihren Gunsten. Als der kranke Mann davon erfährt, will er nicht zum jetzigen Zeitpunkt sterben, sondern erst das Grenzproblem klären. Bei dem Grenzproblem handelt es sich um einen lächerlich schmalen Rasenstreifen. Wahrhaftig, er wird wieder gesund, und der Streit geht weiter. Ich denke an „ Die Erde " von E. Zola und wie grenz- und zeitüberschreitend Gier sein kann.

Zwei polnische Jungen

Mit meiner späteren Frau bin ich in Karpacz. Die Landschaft im Riesengebirge ist sehr schön, Unterkunft und Verpflegung sind problematisch. Gaststätten und Geschäfte haben ein sehr schlechtes Angebot. Die Unterkunft ist in einer großen Villa, doch das Gebäude ist völlig überbelegt. Unser Zimmer ist ein schlauchartiger, langer Raum, in dem hintereinander 4 Betten stehen, man hat kaum Platz, zu ihnen zu gelangen. Vor unserer Tür sind Betten belegt und im Treppenhaus übernachten auch ca. 10 Personen. Wir lernen in näherer Umgebung zwei junge Polen kennen, Sbigniew und Carol. Sie sind sehr nett, suchen zu uns Kontakt. Das ist uns sehr recht. Beide wollen sich ebenfalls hier erholen, haben wenig Geld und suchen nach Gelegenheiten, sich etwas zu verdienen. Sei es durch Gartenarbeiten, Obst pflücken, je nachdem, was sich bietet. Dadurch sind sie mitunter tagelang verschwunden. Sobald sie Zeit haben, unternehmen wir etwas gemeinsam. Beide sind urwüchsig. Sbigniew trinkt unterwegs auch mal aus Pfützen und als sich bei einer Wanderung ein Stück seiner Schuhsohle löst, schneidet er das einfach mit dem Taschenmesser ab. Eines Abends gehen wir gemeinsam tanzen. Beide sind sehr leger gekleidet, mit Turnschuhen und T-Shirt. Ich, mit Sakko und Krawatte. Lockere Kleidung für festliche Anlässe, fanden wir damals, um 1970, unmöglich. Das Restaurant mit Tanzsaal ist schön. Nach kurzer Zeit sind alle Plätze besetzt. Gegen 22.00 Uhr bringt der Kellner jedem Gast einen Teller mit 2 Heringen. Wir haben nichts bestellt und wundern uns.

Sbigniew und Carol nicht. Im Nu haben sie ihre und unsere Portionen verschlungen. Sie können nicht fassen, dass wir ein solches Angebot zurückweisen. Wir sind in guter Stimmung. Meine Frau zischt mir zu, dass ich doch einen taubenblauen Anzug mithabe, den könnte ich doch Sbigniew schenken. Er war ihr mit seinen verwaschenen und zum Teil zerrissenen Sachen zu armselig bekleidet. Sie hat recht. Ich verschwinde kurz. Sbigniew zieht den Anzug an. Glücklich sieht er darin nicht aus. Nach einer Stunde verschwindet er kurz und kommt in seinen alten Sachen wieder. Er gibt uns zu verstehen, dass er sich nicht wohl fühle und keine Chancen bei den Mädchen habe. Nachts im Zelt aber, wenn er friere, wäre ihm der Anzug sicher nützlich. Wir können nur herzhaft lachen.

Der Preis von Gier

Ich bin mit meiner späteren Frau 1969 in Budapest. Wir übernachten bei Freunden, einem sehr gastfreundlichen, älteren Ehepaar. Erwartungsvoll gehen wir durch die Stadt, mir ist hier vieles vertraut. Ein etwas heruntergekommener, junger Mann gibt uns ein Zeichen, ihm zu folgen. Wir gehen in den nächsten Hauseingang. Er zeigt uns goldene Eheringe, die er verkaufen möchte. Gold für Eheringe ist in der DDR schwer zu bekommen. Bekannte haben sich auch ihre Ringe aus Ostblockländern mitgebracht. Der Mann macht keinen sehr vertrauenswürdigen Eindruck. Ist das einer, der nur etwas kauft und dann schnell wieder verkauft oder sind die Ringe gar gestohlen? Inzwischen wird der Mann ungeduldig, doch er lässt nicht locker und verweist auf einen kleinen Stempel in den Ringen. Im dunklen Hausflur können wir wirklich einen Stempel erkennen. Der Mann nimmt einen Ring und wirft ihn auf den Steinboden. Der Klang überzeugt uns, der Preis auch. Für Gold sind die Ringe zu billig. Wir kaufen sie, haben uns über moralische Skrupel hinweggesetzt. Nun könnten wir uns echt freuen und unseren Bekannten zeigen, wie clever wir sind. Am nächsten Tag bummeln wir durch die Prachtstraßen. Eine Auslage in einem Tabakgeschäft interessiert uns. Dort gibt es Eheringe, die unseren gleichen, für knapp 3,00 Mark. Wir betrachten die Stempel in unseren Ringen genauer. Sie enthalten keine Zahlen, sondern nur Buchstaben. Also sind wir einem Betrüger aufgesessen und das wohlverdient.

Ein verlockendes Angebot

Es ist ein kalter Herbsttag 1980. Meine Frau und ich, wir sind müde aus Leipzig zurückgekehrt, haben dort Besorgungen erledigt. Da erregt ein Brief, der mit der Zeitung gekommen ist, meine Aufmerksamkeit. Der Absender aus einem Ort in Thüringen ist uns unbekannt. Noch eigenartiger ist der Inhalt des Briefes: „ Werter Herr Kettner,
das vor fünf Jahren von Ihnen gewünschte Haus steht nun zum Verkauf, der Preis beträgt 8000 Mark. Finden Sie sich bitte am ..., um ...Uhr zwecks Abschluss des Verkaufs im Gerichtsgebäude der Kreisstadt ein ". Wir haben uns zwar vor Jahren umgehört, doch ohne Erfolg. Unsere Verwandten und Freunde wissen das. Wir sind davon überzeugt, dass uns Jemand einen Streich spielt. Die Stra-

ße, in der das Haus liegen soll, ist uns unbekannt. Ein Blick auf den Stadtplan zeigt, dass es besagte Straße wirklich gibt. Das irritiert uns sehr. Unsere Müdigkeit ist verflogen. Schnell ziehen wir uns wieder an und suchen Straße und Hausnummer. Das Gebäude macht einen guten Eindruck. Es ist eingeschossig, mit einem Satteldach, hat zum Hof hin einen Anbau. Wir klingeln. Mehrere Mieter freuen sich, dass im Haus nun endlich alles repariert wird. Eine alleinstehende, alte Frau zeigt uns Schüsseln, die sie im Zimmer unterstellen muss, weil es überall reinregnet. Das Dach muss unbedingt gedeckt werden. Eine allein erziehende jüngere Frau möchte nur eine 3-Raum-Wohnung in einem Neubau, sonst zieht sie nicht aus. Alle Mieter betonen, dass die Sickergrube erneuert werden muss, der Gestank wäre an manchen Tagen unerträglich.

Wir sind bedient. An einen Hauskauf unter solchen Umständen, ist nicht zu denken. Wir freuen uns auf unsere Stadtwohnung. Am gleichen Abend bedanken wir uns beim Briefschreiber und sagen ab.

Der deutsche Russe oder der russische Deutsche

Ich sitze 1975, an einem schönen Sommertag, im Personenzug von Leipzig nach Weißenfels. Das Abteil ist fast überbelegt, die Fahrgäste sind schläfrig, denn es ist schwül. Meine Aufmerksamkeit gilt einem Mann, der mir gegenübersitzt. Im Gang stehen zwei große Holzkoffer, solche habe ich noch nie gesehen. Der Mann trägt einen Nadelstreifenanzug - hier nicht üblich. Als er gähnt, sehe ich, dass er den Mund voller Silberzähne hat. Ich kann es nicht fassen. Nun betrachte ich den Mann genauer. Er ist ca. 50 Jahre alt, hat Hände wie Pizzateller und ein freundliches Gesicht. Vergeblich bemüht er sich, Gespräche mit anderen Fahrgästen zu führen, doch die, die er anspricht, schauen pikiert weg. Ich möchte mich mit ihm unterhalten. Er spricht gebrochen deutsch, mit russischem Akzent. Ich erfahre folgendes: Er ist Deutscher, kommt aus Russland. Seit dem Kriegsende lebt er dort – wurde als deutscher Soldat dort angesiedelt. Man hatte ihm als ehemaligen Kriegsgefangenen angedroht, in ein Straflager zu kommen, wenn er nicht die russische Staatsbürgerschaft annimmt. Das tat er dann auch, weil viele deutsche Soldaten dort sesshaft geworden sind. Das alles erzählt er ohne Groll. Er sagt, dass es ihm dort gut gehe. Er hat sich ein Haus gebaut, es gibt dort gutes Wasser, fetten Speck, und er besitzt noch eine zweite Jacke. Fast hätte er nicht reisen können. Er stand mit einem Bein im Gefängnis. Er arbeitet im Großhandel. Bei einer Kampagne gegen den Alkohol, sollte er für die gleiche Verkaufssumme nun Joghurt statt Wodka verkaufen, was logischerweise nicht klappte. Er bietet mir an, ihn zu besuchen. Er habe eine nette Frau, zwei Söhne und er lebe in einer Landschaft mit viel Wald. Ich könnte mit dem Zug bis ... fahren, dann weiter mit dem Bus. Leider fährt dieser nur einmal in der Woche. Doch an der Bushaltestelle stehen Bänke, da könnte ich schlafen. Das habe ich nicht vor, aber geschrieben hätte ich ihm gern, denn ich mochte ihn. Hier in Deutschland wollte er seinen Bruder und seinen Vater zum ersten Mal nach Kriegsende besuchen. Dann geht alles sehr schnell. Als wir in Großkorbetha sind, steigt er Hals über Kopf aus. Ich gebe ihm die beiden scheppernden Koffer raus. Lange noch denke ich an ihn. Er ist ein glücklicher Mensch – mit gutem Wasser, fetten Speck, sauberer Luft und einer zweiten Jacke.

Vom Baden im Balaton

Wenn wir in Budapest sind, fahren wir immer für eine Woche an den Balaton. So auch dieses Mal, nach Balatonfüred. Wir übernachten in einem abgewohnten Schlafzimmer, eines schönen Einfamilienhauses. Die Wirtsleute übernachten im ausgebauten Keller, die Räume sind alle vermietet. Da das Ufer am Strandbad mit viel Beton befestigt ist, außerdem überfüllt, suchen wir am See eine andere Bademöglichkeit. Neben einem modernen Betonklotz von Hotel ist ein breiter Schilfgürtel mit einer kleinen Bucht. Dort sind nur wenige Badegäste, das Wasser ist durch leichte Verunreinigungen nicht sehr einladend. Wir können aber im Gras liegen, Melone und Pfirsiche im Wasser kühlen und auch baden. Anfangs schwimmen wir zum gepflegten Ho-

telstrand, dort tragen Kellner den Badegästen Getränke bis ans Ufer.
Doch nach einigen Tagen werden Pfähle in den See gerammt und ein Zaun bis weit in den See gezogen. Doch wir können ja in unsere kleine Bucht ausweichen. Dort bleiben wir dann bis zum späten Nachmittag. Am letzten Urlaubstag bleiben wir länger. Abends ändert sich das Bild gewaltig. Es kommen Einheimische mit großen Hunden. Diese werden mit Shampoo eingeseift und gewaschen. Auch ein Bauer mit seinem Pferd kommt zum Baden. Wir wundern uns nicht mehr über die schlechte Wasserqualität. Auf Anfrage erfahren wir, dass die kleine Bucht der Hundewaschplatz ist. Ein Urlaub in Ungarn ist immer eine unbeabsichtigte Schlankheitskur. Wir können nur begrenzt Geld umtauschen und bezahlen viel für die Übernachtung.

Ich werde gefilmt

Wir sind in Balatonföldvar und fühlen uns sehr wohl. Da es sehr heiß ist, liegen wir im Strandbad auf einer Wiese. Da kommen Leute mit Apparaten, die auf die Badegäste einreden, die Wiese zu verlassen. Es sind Filmleute, die einen Fernsehfilm drehen wollen. Wir verlassen unsere Plätze nicht, obwohl das Filmteam lautstark auf uns einredet – Wir nix verstehen! Die Leute sind genervt, lassen uns in Ruhe und filmen auch uns auf der Wiese. Die erste Garnitur ist angereist. Eine bekannte Schauspielerin, die wir aus ungarischen Filmen kennen, wird am Strand geschminkt und aufwändig gekämmt. Dabei hat sie eine Kurzhaarfrisur und könnte das mit fünf Fingern erledigen. Sie stellt sich auf einen kleinen Steg und springt ins Wasser. Nach Minuten kommt sie wieder heraus und erlebt die gleiche Prozedur – schminken, kämmen, föhnen. Das wiederholt sich mindestens fünfmal. Ich denke, wenn das die vielen jungen Mädchen sehen würden, die unbedingt zum Film wollen. Nachdem diese eine Szene abgedreht ist, verschwinden die Filmleute wieder. Unsere Bekannte Frau Nagy, die wir in unserer Unterkunft kennengelernt haben, will uns über den Film berichten. Dann schreibt sie mir – der Regisseur hat uns einfach herausgeschnitten – nichts mit Entdeckung. Mich verbindet mit der Familie Nagy eine langjährige Freundschaft.

Das 1. Mal in Paris

Es ist Mai 1990. Die begehrte DM gibt es erst im Juni eingetauscht. Wir haben noch Westgeld. Ich lese eine Annonce: „ Für 89,00 DM nach Paris " und kann an nichts anderes mehr denken. Schnell erstehen wir drei Bustickets. Endlich ist es soweit. Die Einstiegsmöglichkeit in einem Nachbarort ist sehr bequem. Unsere Erwartungen (Frau, Sohn, meine) sind groß, unsere Laune bestens. Die Reisegesellschaft ist sehr gemischt, sogar eine 80-jährige Frau mit 2 Gehhilfen fährt mit. Sie verbleibt im Bus, will nur einmal im Leben Paris sehen. Wir staunen. Der Bus fährt den ganzen Nachmittag und die Nacht. Am nächsten Morgen sind wir 9.00 Uhr in Paris, am Place de la Concorde. Das Programm beginnt mit einer kleinen Stadtrundfahrt. Wir steigen am Eifelturm aus, haben dann individuell Freizeit. Unser Ziel sind die Champs Elysees. Diese Prachtstraße ist mir durch die französische Literatur, besonders durch Balsac, vertraut. Vor meinem geistigen Auge sehe ich Equipagen mit schönen Damen und den reichen, alten Herren. In Wirklichkeit fährt Auto an Auto und es stinkt nach Benzin. Doch das beeinträchtigt die Begeisterung nicht. Unsere Müdigkeit ist verflogen, es gibt ständig neue Eindrücke, und wir nehmen alles begeistert auf. Unser letztes Ziel ist der Triumphbogen. Es bereitet uns große Mühe, über die Straße zu kommen. Hier gibt es die größte Konzentration an Fahrzeugen. Mit viel Geschick erreichen wir den Fahrstuhl, im Inneren des Denkmals. Bald sind wir auf der Aussichtsplattform und werden mit einer phantastischen Aussicht entschädigt. Wir treffen anschließend wieder den Rest der Reisegruppe. Um 18.00 Uhr des gleichen Tages fahren wir wieder zurück. Die Fahrt nervt, doch wir sortieren und verarbeiten unsere Eindrücke. Als wir am nächsten Tag gegen 11.00 Uhr in unserem Wohnort aussteigen, können wir das nur in Sitzhaltung. Wir haben fast das Laufen verlernt. Später waren wir noch zweimal in Paris, doch die erste Reise bleibt unvergesslich.

Unsere erste und letzte Werbefahrt

Frühjahr 1990. Da flattert uns die Werbung eines Reiseunternehmens ins Haus, mit der tollen Aussicht, für 127 DM 5 Tage Italien zu genießen, inklusive Ausflug nach Venedig. Das Ganze soll eine Verkaufsreise sein – für uns neu – keine Ahnung. Wir sehen nur Ziel und Preis. Der Umtausch Ost – in Westgeld soll erst im Sommer erfolgen. Meine Vermutung, dass dann alle Leute der ehemaligen DDR nach Italien fahren würden, erwies sich später als unbegründet. Das Geld für die Reise habe ich noch, also buchen wir 4 Plätze. Es ist unsere erste Reise in den Süden, und wir sind angetan von der Landschaft, den gepflegten, kleinen Orten, die wir passieren. Wir staunen über die üppige Vegetation, das Hotel mit den hübsch eingerichteten Zimmern und das Städtchen mit dem unaussprechlichen Namen. Am nächsten Tag geht die Reise nach Südtirol, in eine Bilderbuchlandschaft, die uns fasziniert. Am Tag darauf fahren wir ca. 20 km in einen noch kleineren Ort, zu besagter Werbefahrt. Zwei gut gekleidete, etwas arrogante, junge Männer klären uns über Betthygiene auf, zeigen uns auf einer Leinwand, wie versifft unsere Betten seien und geben sich als unsere Retter aus, indem sie uns zu „ Vorzugspreisen " Lamadecken verkaufen wollen – für nur 250 DM. Der Film hat seine Wirkung getan, ich jucke mich überall und bin zum Kauf um fast jeden Preis bereit. Der ostdeutsche Fahrer hatte uns vorher gewarnt, keine Decken zu solch überhöhten Preisen zu kaufen, schon weil er sonst auf dem Rückweg mit uns einen großen Umweg zum Lager im Raum Zwickau machen muss. Das war natürlich nicht im Sinne der Verkäufer. Die beiden jungen Herren reden sich in Rage, doch mit wenig Erfolg. Übrigens ist unser Bus nicht der einzige, weitere Busse spucken Kaufwillige, bzw. Kaufunwillige aus. Einige Leute kaufen auch, von unserer Gruppe keiner, denn der Umweg auf der Rückreise bleibt uns erspart. Nach ca. 4 Stunden ist die Verkaufsveranstaltung gegessen. Die beiden geschniegelten Männer sind etwas beleidigt, doch das stört uns nicht. Es ist eine faire Veranstaltung, ohne falsche Versprechen, Drohungen oder Nötigungen. Später sollten mehrere Bekannte bei ähnlichen Veranstaltungen andere Erfahrungen sammeln. Lamadecken kaufen wir uns zu einem moderaten Preis in unserem Heimatort. Das Horrorvideo mit den stark vergrößerten Milben hat nachhaltige Wirkung gezeigt.

Venedig

Am Tag nach der Verkaufsveranstaltung fahren wir nach Venedig. Wir sind sehr aufgeregt. Die Fahrt ist interessant, das Wetter herrlich. Auf dem Festland ist ein großer Bushalteplatz mit über 100 Bussen. Mit dem Motorboot fahren wir dann ca. 20 Minuten zur Traumstadt, legen an der Mole an und sind schon mitten im Geschehen. Die Kombination von Meer, alten, prächtigen Palästen und Plätzen ist phantastisch. Nach einer kurzen Führung haben wir ausreichend Zeit, um durch die Stadt zu bummeln und uns alles anzusehen. Zu einem bestimmten Zeitpunkt sollen wir uns an der Bootsanlegestelle einfinden. Wir sind sehr pünktlich, doch von unserer Reisegruppe ist niemand zu sehen. Wir werden nervös und wissen weder den Namen des kleinen, unaussprechlichen Ortes, in dem wir übernachten, noch haben wir Geld, um mit dem Taxi zurück zu kommen, zumals wir am nächsten Tag wieder nach Hause fahren wollen. Die Boote sind alle voll belegt, keiner will uns mitnehmen. Wir schicken schließlich unsere Kinder auf ein Boot mit Franzosen, letztendlich durften wir auch mit. Als wir am Bushalteplatz eintreffen, ist bei der Fülle von Bussen und dem Gewühl der Menschen kein Vorwärtskommen. Durch Zufall entdecken wir dann unseren Bus – bereit zur Abfahrt. Da die anderen Leute unserer Gruppe sehr zeitig am Treffpunkt waren, entschieden die Bootsfahrer, die Gruppe etwas früher zu transportieren. Dass diese nicht vollzählig war, ist niemanden aufgefallen. Zum Glück ging alles gut aus. Wir hatten einen wunderschönen Tag verbracht. Später waren wir noch 2 bis 3 Mal dort, auch bei Hochwasser. Wir haben den Markusplatz geflutet kennengelernt, aber auch bei Kaiserwetter.

Avignon

Es ist ein Sonntag im August. Nachdem wir einige Stunden unterwegs sind, kommen wir endlich am späten Nachmittag in Avignon an. Die Stadt gefällt uns sehr – der Papstpalast, die Stierkampfarena und die imposante Stadtmauer – alles insgesamt. Ich sehe auch die kleine Brücke, über die in dem Lied: „ Sirle Bon... ", erzählt wird, die ins Nichts führt und nur noch 3 ihrer einst zahlreichen Bögen hat. Nun ist sie weltberühmt. Wir haben das Glück, dass an diesem Abend, übrigens nur einmal im Jahr, viele kleine Straßentheater überall auftreten. Vom Ein-Mann-Theater bis zu ansehnlichen Gruppen, besonders Pantomime wird dargestellt. Unsere gute Laune ist ungetrübt, auch als es zu regnen beginnt – und nicht aufhört. Wir amüsieren uns sehr, können unseren Standort wechseln, überall ist etwas los. Ein junger Künstler zieht unsere Aufmerksamkeit auf sich. Als Pantomime bemüht er sich, den Zuschauern seine Kunst zu zeigen. Doch die, wir inbegriffen, reagieren nicht so, wie er sich das vorstellt. Die Zuschauer stellen sich unter, die Künstler haben dazu keine Möglichkeit. Der Regen wird stärker, doch wir alle honorieren seine Kunst nicht gebührend. Da platzt dem jungen Mann die Geduld. Langsam zieht er sich aus, die Wäschestücke hochhaltend. Wir Zuschauer staunen und klatschen. Das Eis ist gebrochen. Der junge Mann hat mit anderen Mitteln sein Ziel erreicht. Er rafft am Ende seine Sachen zusammen und bittet, mit einem Hut herumgehend, um eine kleine Spende.

In Soho

Wir sind in London und fühlen uns sehr wohl. Unsere Erwartungen werden weit übertroffen. Abends sitzen wir in einem alten, aber sehr guten Pub an der Themse. Die Wände sind mit alten Balken und Brettern verkleidet, aber schon beim Eintreten spürt man, dass alles bewusst einfach, aber fein ist. Im Obergeschoss, an einer Öffnung zum Wasser hin, befindet sich ein Galgen, an dem angeblich Verbrecher gehängt wurden. Währenddessen saß der Richter und überzeugte sich, weintrinkend, dass der Übeltäter, nachdem er gehängt und im Fluss untergetaucht wurde, auch wirklich im Totenreich angekommen war. Uns laufen angenehme Schauer den Rücken rauf und runter. Danach, gegen 22.00 Uhr, begeben wir uns zu einer Stadtrundfahrt. Es ist ein lauer

Sommerabend, und wir haben Gelegenheit, auszusteigen und etwas zu schlendern. Ein Restaurant, in Soho, erregt unser Interesse. Neben dem Eingang sind zwei große Schaufenster. In diesen hängen auf Stangen aufgereiht, geschlachtete Tiere unterschiedlicher Größe – wie in einem Fleischerladen. Enten, größere Tiere bis hin zur Schweinehälfte. Bei einigen mittelgroßen werde ich stutzig. Ich vermute ..., doch nein, das kann in Europa nicht sein. Am nächsten Tag, wir haben Zeit zum Bummeln, gehen wir nochmals nach Soho, zu besagtem Restaurant. Ich möchte Gewissheit, dass sich meine Vermutung nicht bestätigt. Ein freundlich aussehender, asiatischer Kellner steht am Eingang und raucht. Auf meine Frage, um welche Tiere es sich im Schaufenster handelt, dabei zeige ich auf zwei bestimmte, antwortet er. Doch meine

Englischkenntnisse sind gleich Null.
Da malt er auf einen Zettel ein Tier –
es könnte ein Spanferkel sein, doch
der Kopf sieht anders aus. Jetzt fängt
der Mann an zu bellen. Ich erstarre.
Er freut sich, dass ich es begriffen habe. Der Kellner lädt uns ins Restaurant ein, doch der Gedanke, Tiere,
die ich liebe und die der beste
Freund des Menschen sind, zu verspeisen, ist für mich unerträglich. Ich
hatte zwar gehört, dass in Asien Hunde gegessen werden – aber hier in
Europa – unfassbar.

Auf dem Ätna

Endlich in Sizilien, dem Land meiner Träume. Das Hotel im maurischen Stil, Fenster wie Schlitze, innen viele Fliesen, den Temperaturen entsprechend gebaut. Es ist beeindruckend, zumals es neben Taormina liegt, einem der schönsten Orte, die ich kenne. Im Hintergrund, greifbar nahe, der Ätna. Auf seiner Spitze Schnee, während wir am Strand bei über 40 Grad Celsius kochen. An einem glutheißen Tag fahren wir zu dem Giganten. Unterwegs sehen wir bei Catania, wie die Lava vom letzten Ausbruch in breiten Strömen den Berg hinuntergeflossen und dann direkt an der Straße erstarrt ist. Der Bus bringt uns zum ersten Abschnitt, weiter darf er nicht fahren. Von da aus gelangen wir mit der Seilbahn zum zweiten Abschnitt. Mein Sohn läuft diesen Abschnitt mit einer Ferienbekanntschaft sowohl hoch, als auch runter. Den dritten Abschnitt darf man nur mit Bergführer und Ausrüstung erklimmen. Uns reicht der Zweite völlig. Kein Baum, keine Pflanze, nur Geröll und gigantische Säulen aus Lava. Als optische Täuschung sehen wir die Orte am Fuße des Berges nicht unten, sondern auf Augenhöhe. Wir sind überwältigt, doch man ist der Sonne völlig ausgeliefert, nirgendwo Schatten. Inzwischen haben wir uns von der Gruppe und der Seilbahn entfernt und beginnen mit dem Abstieg zum ersten Abschnitt. Der Weg ist sehr beschwerlich, die Füße versinken tief im Geröll. Meine Frau, in Sandalen, hat durch die harte Lava Abschürfungen und leichte Verbrennungen an den Gelenken. Unsere Situation ist kritisch. Vom weitem sehen wir die Seilbahn bergab fahren. Unser

Winken wurde gesehen. Doch zu unserem Entsetzen winken die Leute zurück. Es ist eine groteske Situation. Wir können uns nur auf uns selbst verlassen, beruhigen uns und sprechen uns Mut zu. Stück für Stück schaffen wir den Abstieg. Das Problem ist die Hitze – über 40 Grad Celsius und das nachgebende Geröll. Zu trinken haben wir auch nichts. Nach 2 Stunden sind wir am Bus, ausgedörrt und froh. Die Reisegruppe hat etwas gewartet. Mit dem Schrecken und einem Sonnenbrand sind wir davon gekommen. Doch vor dem Ätna habe ich größten Respekt. Die Menschen dort lieben ihn. Sie siedeln sich an seinem Fuß an, trotz der Gefahr, dass ein Ausbruch ihnen alles nehmen kann. Kurz nach unserem Besuch, wurde der Vulkan wieder aktiv und ist dies bis heute. Unser Bushalteplatz stand lt. TV in Flammen.

Allein am Strand

Giardini Naxos liegt fast übergangslos neben Taormina. Unser wohltemperiertes Hotel stachelt uns an, den Strand aufzusuchen. Es ist gegen 11.00 Uhr, weder der Ort, noch der Strand sind belebt. Von einem Hotel am Strand wollen wir uns einen Schirm ausleihen. Doch die Kellner scheinen uns nicht zu verstehen. Wir hören nur – Siesta. Wir legen uns dank der feuchten Handtücher aus unserem Hotel ans Wasser. Das ist angenehm kühl. Der schwarze Lavastrand ist so aufgeheizt, dass ich ohne Schuhe nicht die 2 m zum Wasser gehen kann. Eigentlich finden wir es toll, dass wir die einzigen am Strand sind. Gegen 15.00 Uhr halten wir es dann doch nicht mehr aus und gehen ins Hotel. Dort angekommen, bekomme ich einen Schüttelfrost zum

Sonnenbrand. Zu spät habe ich mein leichtsinniges Handeln erkannt. Um die Mittagszeit, bis 17.00 Uhr ist dort Siesta – alle Geschäfte haben geschlossen, die Arbeit ruht. In dieser Zeit geht niemand auf die Straße oder an den Strand, da es einfach zu heiß ist. Nun erst mache ich mir ernsthaft Gedanken. Was passiert, wenn ich die Rückreise nicht antreten kann. Doch am Abend geht es mir besser. Wir können uns wieder in die Reisegruppe einreihen, gehen bummeln und Eis essen. Alter schützt vor Torheit nicht.

Im Herbst am Mittelmeer

Es ist Spätherbst, wir fahren in die Toskana, um hier noch etwas von der Wärme des vergangenen Sommers zu spüren. Die Fahrt ist anstrengend, wir sind den 2. Tag unterwegs, haben die Städte Pisa und Montecatini kurz angesehen. Vor uns sitzen vier ältere Damen, es sind Schulfreundinnen, die sich einmal im Jahr zu einer Reise treffen. Eine davon kommt aus New York. Unser Ziel ist ein Ort am Mittelmeer. Wir kommen gegen 19.00 Uhr an und staunen, dass es schon dunkel ist. Die Müdigkeit ist wie weggefegt, meine Frau sieht ihre besten Sachen an, wir wollen den Ort erkunden. Doch es gibt keinen Ort, da wir außerhalb im Nirgendwo gelandet sind. Häuser und Hotels umsäumen den Strand, die meisten Hotels sind geschlossen, denn die Saison ist beendet. Am Strand ist es sehr dunkel, wir begegnen einer Hochzeitsgesellschaft, können viel Glück wünschen und haben noch einen Glückspfennig, den wir dem Paar schenken. Unsere Laune ist bestens. Ich ziehe mich aus und gehe ins Wasser. Das Meer ist aufgewühlt, meine dürftigen Schwimmkünste nützen mir wenig. Der Strand (grober Kies) rutscht unter meinen Füßen weg, ich verliere die Orientierung. Die Gebäude am Ufer sind kaum erleuchtet. Ich höre meine Frau, die mir unentwegt etwas zuruft, doch ich verstehe ohnehin nichts. Laut klatschen die Wellen an das Ufer, es ist sehr dunstig und stockdunkel. Ich kann keinen klaren Gedanken fassen. Beim Versuch, einen anderen Ausstieg zu finden, gelingt es mir, festen Grund unter den Füßen zu bekommen und das Ufer zu erreichen. Wir sind beide sehr erleichtert und spüren, wie nahe Glück, Missgeschick, Leben und Tod zusammen liegen.

Im Tierpark in Eisenberg

Es ist ein sonniger Tag im April 1976. Ich habe meine Frau im Krankenhaus besucht, die im 8. Monat ist und gründlich untersucht wird. Mein Bruder Helmut und seine Frau sind bei uns zu Besuch. Wir fahren mit unseren Kindern Matthias und Andrea nach Eisenberg in den Tierpark. Dort ist gerade Tierparkfest. Man versteht darunter, dass es billiges, einheimisches Obst, viel Bier und Würstchen zu kaufen gibt. Musik spielt auch. Am Bärenzwinger ist ein Menschenauflauf. Im geräumigen Zwinger sind 3 prächtige Bären zu sehen. Hinter der Absperrung steht ein Mann, steckt seinen Arm durch das Gitter und seine Hand in das Maul eines Bären. Er zieht die Hand aus dem Maul, verbeugt sich, wir klatschen. Das wiederholt sich mehrere Male, wobei der

Bär den Arm des Mannes bis zum Ellenbogen ableckt. Alle Zuschauer sind erstaunt. Plötzlich kommen 2 Polizisten und holen den Mann aus der Absperrung. Wir wundern uns sehr, dass die Vorführung unterbrochen wird. Wie sich herausstellt, war der Mann einer aus dem Publikum und stockbetrunken. Wir können es nicht fassen und sprechen noch lange darüber.

Zutrauen

Wir wohnen im viel geschmähten Plattenbau, Die Leute sind freundlich, auch hilfsbereit – wie anderswo auch. Ein Mann mit einem Schäferhundmischling kommt mehrmals an unserem Haus vorbei, ihm folgt in kurzem Abstand eine Katze. Diese legt sich auf den Rücken, der Mann streichelt sie und spricht beruhigend auf sie ein. Wie ich erfahre, sind die Besitzer der Katze weggezogen und haben diese allein zurückgelassen. Leute aus dem Haus füttern sie spontan. Inzwischen hat die Katze 3 Junge, 2 davon begleiten sie mitunter. Die alte Katze wartet täglich auf den Mann mit Hund und begleitet beide auch gegen 22.00 Uhr. Der Hund nimmt davon keinerlei Notiz. Die Katze, ansonsten scheu, hat Vertrauen gefasst und betrachtet wohl den Mann als ihr Herrchen.

Eine Katzenliebe

Wenn wir in unserem Garten arbeiten, dann steht die Tür zur Laube immer offen. Bevor wir gehen, verschließen wir die Tür. Vor drei Tagen verlassen wir den Garten wie immer, als wir gestern zurückkehren, sehen wir, dass auf der Stufe zur Laube eine tote Maus liegt. Wer hat denn diesen fetten Braten verschmäht? ... denken wir und öffnen die Tür zur Laube. Da kommt uns eine kleine, schwarze Katze entgegen gesprungen. Wir erschrecken uns, die Katze läuft gleich zum Fliederbusch, wo eine Katzenmutter mit 3 Jungen liegt. Das ist uns bisher nicht aufgefallen. Das Rätsel um die Maus ist gelöst. Also hat die Katzenmutter ihrem eingesperrten Kind etwas zu fressen gebracht. Wir sind froh, dass wir schon nach 2 Tagen wiedergekommen sind. Tiere haben eben, wie wir auch, eine Seele.

Ein seltsamer Fund

Es ist ein Samstag zu Beginn der 80er Jahre. Wir wollen mit unseren Kindern einen Ausflug in die nähere Umgebung unternehmen. Eine kleine Burg, an der wir oft vorbeifahren, ist unser Ziel. Der große Bergfried grüßt uns schon von weitem. Wir genießen die Aussicht und erforschen das Anwesen. Durch eine Pforte gelangen wir zu einer kleinen Begräbnisstätte. Am rechts liegenden Gebäude, es könnte Teil einer Kirche sein, ist ein Eingang, der nur in einen etwas tiefer gelegenen Raum führt. Der Raum ist dunkel und leer. Nur Erde und Holzabfälle befinden sich hier. Unser achtjähriger Sohn sucht und wird fündig. Er hat ein dickes Stück Holz in der Hand und fuchtelt damit herum. Er meint, dass dies wie ein Bein aussehe. Draußen betrachte ich den

Gegenstand näher, erstarre, es ist tatsächlich ein Bein. Wir erkennen, dass es der mumifizierte Unterschenkel einer Frau ist. Ein Seidenstrumpf ist deutlich zu erkennen. Der Fuß ist gespreizt, so als wenn eine Frau nur hochhackige Schuhe getragen hat. Wir sind fassungslos. War der kleine Raum früher eine Gruft? Zumal man durch ein Gitter erkennt, dass das andere Gebäude im Anschluss wirklich eine Kirche ist. Wir überlegen, was wir mit dem Bein anstellen sollen. Wir entscheiden, es beim nächsten Besuch zu begraben und legen es zurück. Es soll noch vier Wochen dauern, bis wir unser Vorhaben in Angriff nehmen. Wir nehmen einen Spaten mit. Auf dem kleinen Friedhof redet ein Mann aus dem Dorf auf ein älteres Ehepaar ein, beide mit Hut und Übergangsmantel – elegant gekleidet. Wir warten geraume Zeit, dann fragt der hier ansässige Mann nach unserem Begehren. Nun erklären wir ihm, dass ein menschliches Bein in einem öffentlich zugänglichen Raum liegt. Er fragt uns böse, ob wir für die Anzeige in der Bezirksstadt verantwortlich sind. Aufgrund der Anzeige wurde inzwischen das Bein vor Ort begraben. Wir sagen, dass wir keine Anzeige erstattet haben. Das Ehepaar ist irritiert und fassungslos. Sie sind die ehemaligen Gutsbesitzer, leben im Westen und kommen jedes Jahr einmal hierher, um nach ihren ehemaligen Besitzungen und der Begräbnisstätte ihrer Angehörigen zu sehen. Uns ist das Ganze fatal. Viel später erfahre ich, dass die Särge aus der Gruft sehr schadhaft waren und die Gebeine auf den kleinen Friedhof umgebettet wurden – leider nicht vollständig.

Die begehrte Hose

Ich bin mit Familie unterwegs: meine Frau, ich, Oma und 2 Kinder - natürlich mit dem Trabant. Nahe einem Waldstück werden wir sesshaft. Die große Decke ist ausgebreitet, Getränke, Becher und Tassen, haben ihren Platz gefunden. Oma sitzt auf der Decke, wir spielen Federball. Da sehe ich in der Nähe Pflaumenbäume mit reifen Früchten. Die Bäume stehen am Feldrand und sogenanntes Chausseeobst wird nicht geerntet. Ich lasse meine Frau mit den Kindern weiterspielen, suche mir eine Tasche und klettere, etwa 20m von der Familie entfernt, auf einen Baum. Meine lange Hose habe ich vorher ausgezogen und unter dem Baum liegengelassen. Jetzt habe ich Bewegungsfreiheit und kann pflücken. Von den Früchten wollen wir Pflaumenmus kochen. Da sehe ich, wie am Baum, unter mir eine Frau steht und meine Hose in der Hand hält und begutachtet. Ich wundere mich und denke, was das soll. Natürlich kann ich nicht in der Unterhose nach Hause fahren. „ Lassen Sie sofort meine Hose los! " schreie ich und die Frau erschrickt. Sie lässt meine Hose wie eine heiße Kartoffel fallen. Wie sich herausstellt, hat sie vor uns hier mit ihren Kindern gespielt, vermisst einige Spielsachen, die sie suchen wollte. Dass sie ausgerechnet eine Hose finden würde, hätte sie nicht gedacht.

Erlebnisse im Rostocker Zoo

Wir sind Anfang der 80er Jahre in Rostock – Warnemünde im Urlaub. Das Wetter ist ungünstig, es regnet ununterbrochen. Nachdem wir alle Museen durchlaufen haben, entscheiden wir uns für einen Zoobesuch. Unsere Kinder sind begeistert. Der Rostocker Zoo, wir kennen ihn schon, ist was Lage und Tierbestand anbetrifft, sehr schön. Schon am Eingang lädt ein großer, alter Mammutbaum zu einem Besuch ein. In der Nähe des Einganges, befindet sich das Affengehege. Wir Besucher bestaunen die Gorillas. Ein Gorillamann fällt uns besonders auf. Er starrt auf die Frau neben mir, es ist meine, fasst sich an seine Hinterbacken und wirft eine Ladung in Richtung meiner Frau. Diese sieht das, bückt sich, sodass der Haufen einen Mann trifft, der hinter ihr steht. Wir können es nicht fassen, alle lachen. Doch wir sehen später ein Schild: „ Achtung! Affe wirft mit Kot! "

An einem anderen Tag, ähnliches Wetter, sind wir nochmals im Rostocker Zoo. Wir bleiben an einer Absperrung zu einem Teich stehen, sehen viele schöne Flamingos. Auf der Wiese liegen rosa Federn. Unsere Kinder möchten sehr gern welche. Ich überlege, ob das möglich ist – es ist. Andere Besucher sind nicht in Sicht. Der kleine Zaun ist auch kein Hindernis. Nach kurzer Zeit habe ich 6-8 Federn aufgelesen. Doch da kommen Besucher. Was mache ich? Schnell verstecke ich mich hinter einer Weide, die am Wasser steht. Die Leute gehen vorbei. Doch unter mir gibt der Untergrund nach. Ich versinke bis zu den Knöcheln im Schlamm.

Es dauert eine Weile, bis ich mich befreie. Meine Schuhe sind hin, doch voller Freude gebe ich die Federn meinen Kindern. Sie haben sie als Lesezeichen in ein Buch gelegt und lange aufbewahrt. Gelegentlich denken sie an die „ Safari. "

Unsere Hündin Lissi

Unser Sohn Thomas wünscht sich plötzlich einen Hund, so nachdrücklich uns damit nervend, dass wir irgendwann nachgeben. Wir einigen uns auf einen Kleinhund. Mein Sohn findet eine entsprechende Annonce und fährt nach Könnern. Als er spätabends zurückkommt und ich schon schlafe, setzt er mir ein langhaariges, vierbeiniges Etwas auf den Bauch. Ich bin hellwach. Das Etwas ist 8 Wochen alt, keine 1,5 kg schwer. Die Maske, Unterseite und die Pfoten sind hell, der Rücken fast schwarz. Sie, es ist ein Hundemädchen, schaut misstrauisch, fast trotzig. Ein kleiner Hund wie aus einem Bilderbuch oder einer Spielzeugkiste entstiegen. Sie trifft mich mitten ins Herz. Ich darf sie Lissy nennen. Sie ist schwach, kann noch nicht bellen und nicht die

Rollleine ausziehen, ist aber sehr lebhaft und aufmerksam. Lissy hat noch 3 Geschwister, ist in einem Keller geboren. Ihre Mama erzog ihre Kinder durch Beißen. Diese sehr gelehrig, bissen sich gegenseitig. Das schwächste Tier, unsere Lissy, wurde am meisten gebissen. Noch heute nach 10 Jahren ist sie nicht dazu zu bewegen, in den Keller zu gehen. Sie wartet geduldig auf der obersten Stufe. Am Tag, nachdem Lissy nun Familienmitglied geworden ist, besuchen uns unsere Enkel. Abends schlafen wir dann ausnahmsweise alle im Schlafzimmer, Lissy in einem hohen Karton mit Decken ausgelegt. Ich liebe es, abends im Dunklen meinen Arm in diese Kiste zu stecken, nach kurzer Zeit beißt sie los, und ich spüre ihre Zähne wie leichte Nadelstiche. Nachts muss ich zum WC und übersehe, dass Lissy ein ähnliches Bedürfnis vor mir hatte. Da die Tür verschlossen ist, setzt sie einen Haufen davor. Es ist meine Schuld, dass ich die Tür öffne und ihre Ausscheidungen mit der Tür auf der hellen Auslegeware verteile. Uns ist schleierhaft, wie sie aus dem Karton heraus-, und wieder hineinkam. Lissy ist nur die ersten Wochen noch nicht sauber. Schnell verständigt sie sich mit uns, sieht uns nachdrücklich an, leckt uns am Bein, hält sich an der Korridortür auf. Meine Frau und ich, wir haben viel Freude an ihr, besonders am Umgang mit ihren Kindern. Ja, sie hat 3 Quietschtiere aus Weichgummi. Einen hässlichen Dino, einen Hahn ohne Federn und eine Maus. Manchmal sucht sie nachts in unseren Betten nach ihnen, seufzt herzzerreißend und gibt erst Ruhe, wenn wir die Ausreißer gefunden haben. Wenn ich abends fernsehe, bringt sie alle 3 zu mir auf die Couch, wärmt sie mit ihrem Bauch und kuschelt sich an sie. Lissy hat außerdem ein Kummertier, ein kleines, schwarzes Ungetüm, welches sie beißt, wenn sie Kummer oder Stress hat. Eine Schattenseite von ihr ist, sie kläfft wie ein Straßenköter, wenn sie Katzen, mitunter auch andere Hunde sieht. Außerdem dreht sie fast durch, wenn es an der Wohnungstür klingelt. Das sind zum Großteil aber unsere Erziehungssünden. Wenn wir auf dichtem Raum mit Tieren leben, erfahren wir besonders viel von ihnen und finden Zugang zueinander. Johannes Rau sagte treffend: „ Man kann auch ohne Hund leben, aber es lohnt sich nicht. "

Inhaltsverzeichnis

Mein erster Flug	3
Mein Einstieg als Barmixer	6
Ich jobbe als Kellner	9
Ein Abend im „ U-Fleku "	12
Ein Kater als Model	15
Zamardi	18
Die Begegnung mit der Baroness Mercedes von Uckermann	20
Besuch bei einer Künstlerfamilie	24
Tante Olga	26
Wir gehen aus	29
Nochmals Tante Olga	31
Ein besonderes Geburtstagsgeschenk	33
Eine Schlittenfahrt mit Hindernissen	36
Mutterinstinkt einer Katze	39
Ein heftiger Streit	41
Zwei polnische Jungen	43
Der Preis von Gier	46
Ein verlockendes Angebot	48
Der deutsche Russe oder der russische Deutsche	51
Vom Baden im Balaton	54
Ich werde gefilmt	56

Das 1. Mal in Paris	58
Unsere erste und letzte Werbefahrt	61
Venedig	65
Avignon	68
In Soho	70
Auf dem Ätna	73
Allein am Strand	76
Im Herbst am Mittelmeer	78
Im Tierpark in Eisenberg	81
Zutrauen	83
Mutterliebe	85
Ein seltsamer Fund	87
Die begehrte Hose	90
Erlebnisse im Rostocker Zoo	92
Unsere Hündin Lissi	95